HAFENPROMENADE

Das Ausfüllbuch für wunderbare Urlaubserinnerungen

Die Hafenprinzessin

Dieses Buch gehört:

_____

Unser Urlaubsziel:

_____

Unser Urlaubszeitraum:

_____

Miturlauber:

_____

_____

_____

Impressum

Verantwortlich

Christian Flick / Mathias Weber

youneo projects flick und weber GbR, Poststraße 1, 49326 Melle

info@youneoprojects.de, www.youneoprojects.de

Herstellung und Verlag

BoD - Books on Demand, Norderstedt

Bildquellen

© KannaA/shutterstock (Cover), ddok/shutterstock

ISBN: 9783752628524

Unsere Packliste für den Urlaub:

Unsere Packliste für den Urlaub:

Urlaubstag Nr. ──────────────── **Datum:** ────────────

○   vormittags   ○   nachmittags   ○   abends

Besonderheiten und Erlebnisse des Tages:

Einklebefläche für Karten, Postkarten, Fotos, Eintrittskarten etc.:

Urlaubstag Nr. ——————————— **Datum:** ———————————

○   vormittags   ○   nachmittags   ○   abends

Besonderheiten und Erlebnisse des Tages:

_____

_____

_____

_____

_____

_____

_____

_____

_____

_____

_____

Einklebefläche für Karten, Postkarten, Fotos, Eintrittskarten etc.:

Urlaubstag Nr. —————— **Datum:** ——————

○ vormittags ○ nachmittags ○ abends

Besonderheiten und Erlebnisse des Tages:

Einklebefläche für Karten, Postkarten, Fotos, Eintrittskarten etc.:

Urlaubstag Nr. _____   **Datum:** _____

○   vormittags   ○   nachmittags   ○   abends

Besonderheiten und Erlebnisse des Tages:

_____

_____

_____

_____

_____

_____

_____

_____

_____

_____

_____

_____

Einklebefläche für Karten, Postkarten, Fotos, Eintrittskarten etc.:

Urlaubstag Nr. _____   **Datum:** _____

○   vormittags   ○   nachmittags   ○   abends

Besonderheiten und Erlebnisse des Tages:

_____

_____

_____

_____

_____

_____

_____

_____

_____

_____

_____

Einklebefläche für Karten, Postkarten, Fotos, Eintrittskarten etc.:

Urlaubstag Nr. _____   **Datum:** _____

○ vormittags   ○ nachmittags   ○ abends

Besonderheiten und Erlebnisse des Tages:

_____

_____

_____

_____

_____

_____

_____

_____

_____

_____

_____

_____

Einklebefläche für Karten, Postkarten, Fotos, Eintrittskarten etc.:

Urlaubstag Nr. _____   **Datum:** _____

○ vormittags   ○ nachmittags   ○ abends

Besonderheiten und Erlebnisse des Tages:

_____

_____

_____

_____

_____

_____

_____

_____

_____

_____

_____

_____

Einklebefläche für Karten, Postkarten, Fotos, Eintrittskarten etc.:

Urlaubstag Nr. _____ **Datum:** _____

○ vormittags   ○ nachmittags   ○ abends

Besonderheiten und Erlebnisse des Tages:

_____

_____

_____

_____

_____

_____

_____

_____

_____

_____

_____

_____

Einklebefläche für Karten, Postkarten, Fotos, Eintrittskarten etc.:

Urlaubstag Nr. _____   **Datum:** _____

○ vormittags   ○ nachmittags   ○ abends

Besonderheiten und Erlebnisse des Tages:

_____

_____

_____

_____

_____

_____

_____

_____

_____

_____

_____

_____

Einklebefläche für Karten, Postkarten, Fotos, Eintrittskarten etc.:

Urlaubstag Nr. _____ **Datum:** _____

○ vormittags   ○ nachmittags   ○ abends

Besonderheiten und Erlebnisse des Tages:

_____

_____

_____

_____

_____

_____

_____

_____

_____

_____

_____

_____

Einklebefläche für Karten, Postkarten, Fotos, Eintrittskarten etc.:

Urlaubstag Nr. _____   **Datum:** _____

○   vormittags   ○   nachmittags   ○   abends

Besonderheiten und Erlebnisse des Tages:

Einklebefläche für Karten, Postkarten, Fotos, Eintrittskarten etc.:

Urlaubstag Nr. _____   **Datum:** _____

○   vormittags   ○   nachmittags   ○   abends

Besonderheiten und Erlebnisse des Tages:

_____

_____

_____

_____

_____

_____

_____

_____

_____

_____

_____

_____

Einklebefläche für Karten, Postkarten, Fotos, Eintrittskarten etc.:

Urlaubstag Nr. _____ **Datum:** _____

○ vormittags   ○ nachmittags   ○ abends

Besonderheiten und Erlebnisse des Tages:

_____

_____

_____

_____

_____

_____

_____

_____

_____

_____

_____

_____

_____

Einklebefläche für Karten, Postkarten, Fotos, Eintrittskarten
etc.:

Urlaubstag Nr. _____   **Datum:** _____

○ vormittags   ○ nachmittags   ○ abends

Besonderheiten und Erlebnisse des Tages:

_____

_____

_____

_____

_____

_____

_____

_____

_____

_____

_____

Einklebefläche für Karten, Postkarten, Fotos, Eintrittskarten etc.:

Urlaubstag Nr. _____ **Datum:** _____

○ vormittags ○ nachmittags ○ abends

Besonderheiten und Erlebnisse des Tages:

_____

_____

_____

_____

_____

_____

_____

_____

_____

_____

_____

Einklebefläche für Karten, Postkarten, Fotos, Eintrittskarten etc.:

Urlaubstag Nr. _____   **Datum:** _____

○ vormittags   ○ nachmittags   ○ abends

Besonderheiten und Erlebnisse des Tages:

_____

_____

_____

_____

_____

_____

_____

_____

_____

_____

_____

_____

Einklebefläche für Karten, Postkarten, Fotos, Eintrittskarten etc.:

Urlaubstag Nr. _____   **Datum:** _____

○   vormittags   ○   nachmittags   ○   abends

Besonderheiten und Erlebnisse des Tages:

_____

_____

_____

_____

_____

_____

_____

_____

_____

_____

_____

_____

Einklebefläche für Karten, Postkarten, Fotos, Eintrittskarten etc.:

Urlaubstag Nr. _____ **Datum:** _____

○ vormittags   ○ nachmittags   ○ abends

Besonderheiten und Erlebnisse des Tages:

Einklebefläche für Karten, Postkarten, Fotos, Eintrittskarten etc.:

Urlaubstag Nr. _____   **Datum:** _____

○ vormittags   ○ nachmittags   ○ abends

Besonderheiten und Erlebnisse des Tages:

_____

_____

_____

_____

_____

_____

_____

_____

_____

_____

_____

_____

Einklebefläche für Karten, Postkarten, Fotos, Eintrittskarten etc.:

Urlaubstag Nr. _____   **Datum:** _____

○   vormittags   ○   nachmittags   ○   abends

Besonderheiten und Erlebnisse des Tages:

_____

_____

_____

_____

_____

_____

_____

_____

_____

_____

_____

_____

Einklebefläche für Karten, Postkarten, Fotos, Eintrittskarten etc.:

Urlaubstag Nr. _____ **Datum:** _____

○   vormittags   ○   nachmittags   ○   abends

Besonderheiten und Erlebnisse des Tages:

_____

_____

_____

_____

_____

_____

_____

_____

_____

_____

_____

_____

_____

Einklebefläche für Karten, Postkarten, Fotos, Eintrittskarten etc.:

Urlaubstag Nr. _____   **Datum:** _____

◯ vormittags   ◯ nachmittags   ◯ abends

Besonderheiten und Erlebnisse des Tages:

Einklebefläche für Karten, Postkarten, Fotos, Eintrittskarten etc.:

Urlaubstag Nr. _____   **Datum:** _____

○   vormittags   ○   nachmittags   ○   abends

Besonderheiten und Erlebnisse des Tages:

_____

_____

_____

_____

_____

_____

_____

_____

_____

_____

_____

_____

Einklebefläche für Karten, Postkarten, Fotos, Eintrittskarten etc.:

Urlaubstag Nr. _____   **Datum:** _____

○   vormittags   ○   nachmittags   ○   abends

Besonderheiten und Erlebnisse des Tages:

_____

_____

_____

_____

_____

_____

_____

_____

_____

_____

_____

_____

Einklebefläche für Karten, Postkarten, Fotos, Eintrittskarten etc.:

Urlaubstag Nr. _____ **Datum:** _____

○   vormittags   ○   nachmittags   ○   abends

Besonderheiten und Erlebnisse des Tages:

_____

_____

_____

_____

_____

_____

_____

_____

_____

_____

_____

_____

Einklebefläche für Karten, Postkarten, Fotos, Eintrittskarten etc.:

Urlaubstag Nr. _____   **Datum:** _____

◯   vormittags   ◯   nachmittags   ◯   abends

Besonderheiten und Erlebnisse des Tages:

_____

_____

_____

_____

_____

_____

_____

_____

_____

_____

_____

_____

Einklebefläche für Karten, Postkarten, Fotos, Eintrittskarten etc.:

Urlaubstag Nr. ———————————————   **Datum:** ———————————————

○   vormittags   ○   nachmittags   ○   abends

Besonderheiten und Erlebnisse des Tages:

——

——

——

——

——

——

——

——

——

——

——

Einklebefläche für Karten, Postkarten, Fotos, Eintrittskarten etc.:

Urlaubstag Nr. _____   **Datum:** _____

○ vormittags   ○ nachmittags   ○ abends

Besonderheiten und Erlebnisse des Tages:

_____

_____

_____

_____

_____

_____

_____

_____

_____

_____

_____

_____

Einklebefläche für Karten, Postkarten, Fotos, Eintrittskarten etc.:

Urlaubstag Nr. _____   **Datum:** _____

○   vormittags   ○   nachmittags   ○   abends

Besonderheiten und Erlebnisse des Tages:

_____

_____

_____

_____

_____

_____

_____

_____

_____

_____

_____

_____

Einklebefläche für Karten, Postkarten, Fotos, Eintrittskarten etc.:

Urlaubstag Nr. _____   **Datum:** _____

◯   vormittags   ◯   nachmittags   ◯   abends

Besonderheiten und Erlebnisse des Tages:

_____

_____

_____

_____

_____

_____

_____

_____

_____

_____

_____

_____

Einklebefläche für Karten, Postkarten, Fotos, Eintrittskarten etc.:

Urlaubstag Nr. ——————————— **Datum:** ———————————

○ vormittags   ○ nachmittags   ○ abends

Besonderheiten und Erlebnisse des Tages:

Einklebefläche für Karten, Postkarten, Fotos, Eintrittskarten etc.:

Urlaubstag Nr. _____   **Datum:** _____

○ vormittags   ○ nachmittags   ○ abends

Besonderheiten und Erlebnisse des Tages:

_____

_____

_____

_____

_____

_____

_____

_____

_____

_____

_____

_____

Einklebefläche für Karten, Postkarten, Fotos, Eintrittskarten etc.:

Urlaubstag Nr. _____   **Datum:** _____

○   vormittags   ○   nachmittags   ○   abends

Besonderheiten und Erlebnisse des Tages:

Einklebefläche für Karten, Postkarten, Fotos, Eintrittskarten etc.:

Urlaubstag Nr. _____ **Datum:** _____

◯　　vormittags　　　　　◯　　nachmittags　　　　　◯　　abends

Besonderheiten und Erlebnisse des Tages:

_____

_____

_____

_____

_____

_____

_____

_____

_____

_____

_____

_____

Einklebefläche für Karten, Postkarten, Fotos, Eintrittskarten
etc.:

Urlaubstag Nr. _____   **Datum:** _____

○   vormittags   ○   nachmittags   ○   abends

Besonderheiten und Erlebnisse des Tages:

_____

_____

_____

_____

_____

_____

_____

_____

_____

_____

_____

_____

Einklebefläche für Karten, Postkarten, Fotos, Eintrittskarten etc.:

Urlaubstag Nr. ———————————————— **Datum:** ————————————

○   vormittags   ○   nachmittags   ○   abends

Besonderheiten und Erlebnisse des Tages:

Einklebefläche für Karten, Postkarten, Fotos, Eintrittskarten etc.:

Urlaubstag Nr. _____ **Datum:** _____

○　vormittags　　　　　○　nachmittags　　　　　○　abends

Besonderheiten und Erlebnisse des Tages:

_____

_____

_____

_____

_____

_____

_____

_____

_____

_____

_____

_____

_____

Einklebefläche für Karten, Postkarten, Fotos, Eintrittskarten etc.:

Urlaubstag Nr. ——————————— **Datum:** ———————————

○   vormittags   ○   nachmittags   ○   abends

Besonderheiten und Erlebnisse des Tages:

Einklebefläche für Karten, Postkarten, Fotos, Eintrittskarten etc.:

Platz für freie Gedanken und Notizen

Platz für freie Gedanken und Notizen

Platz für freie Gedanken und Notizen

Platz für freie Gedanken und Notizen

Platz für freie Gedanken und Notizen

Platz für freie Gedanken und Notizen

Platz für freie Gedanken und Notizen

Platz für freie Gedanken und Notizen

Freifläche für Notizen und Zeichnungen

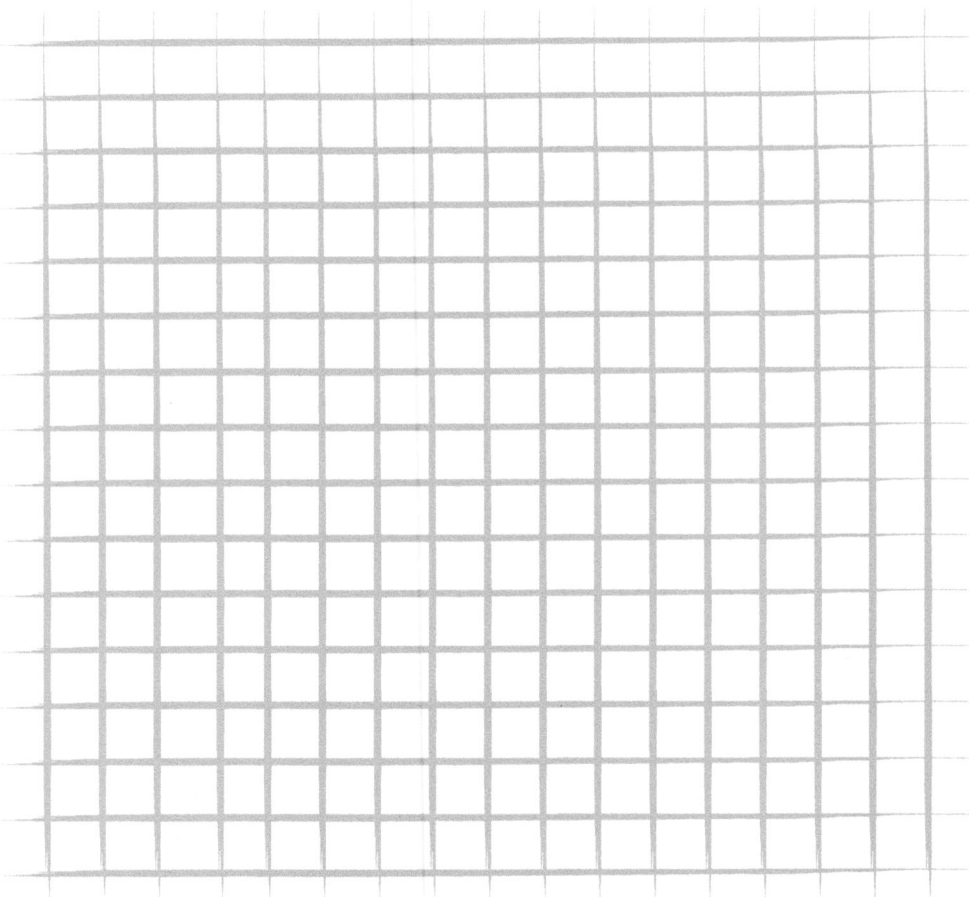

Freifläche für Notizen und Zeichnungen

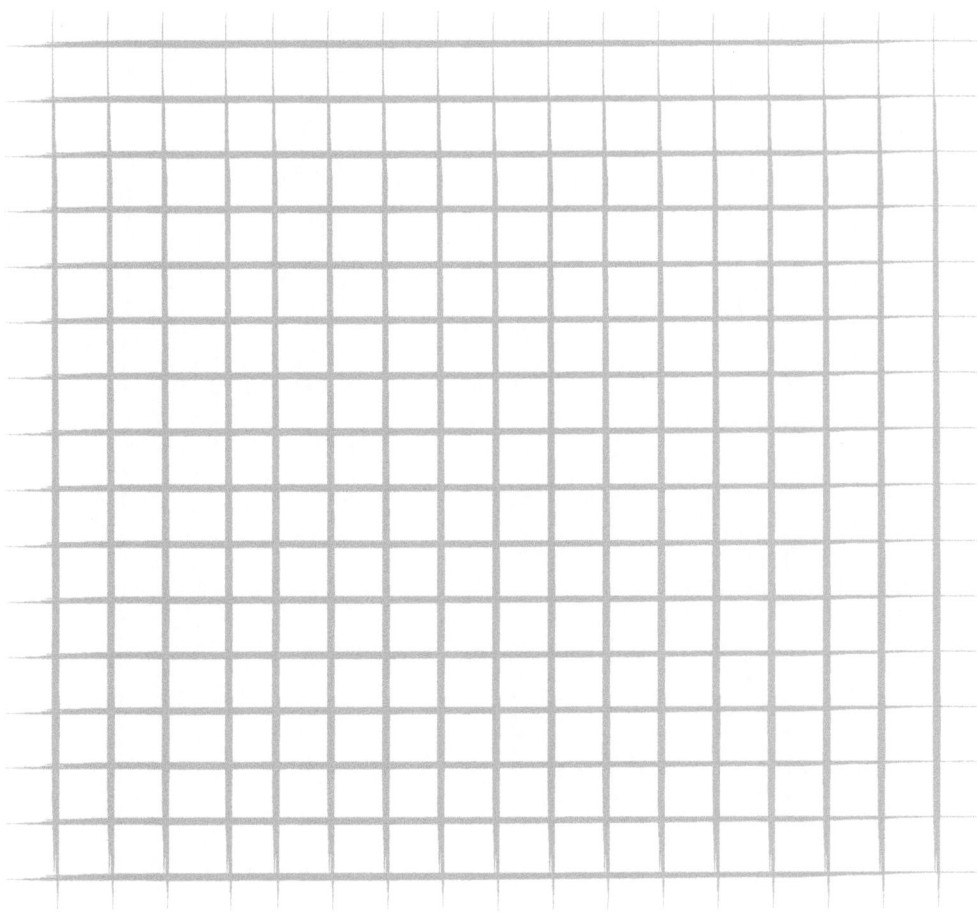

Freifläche für Notizen und Zeichnungen

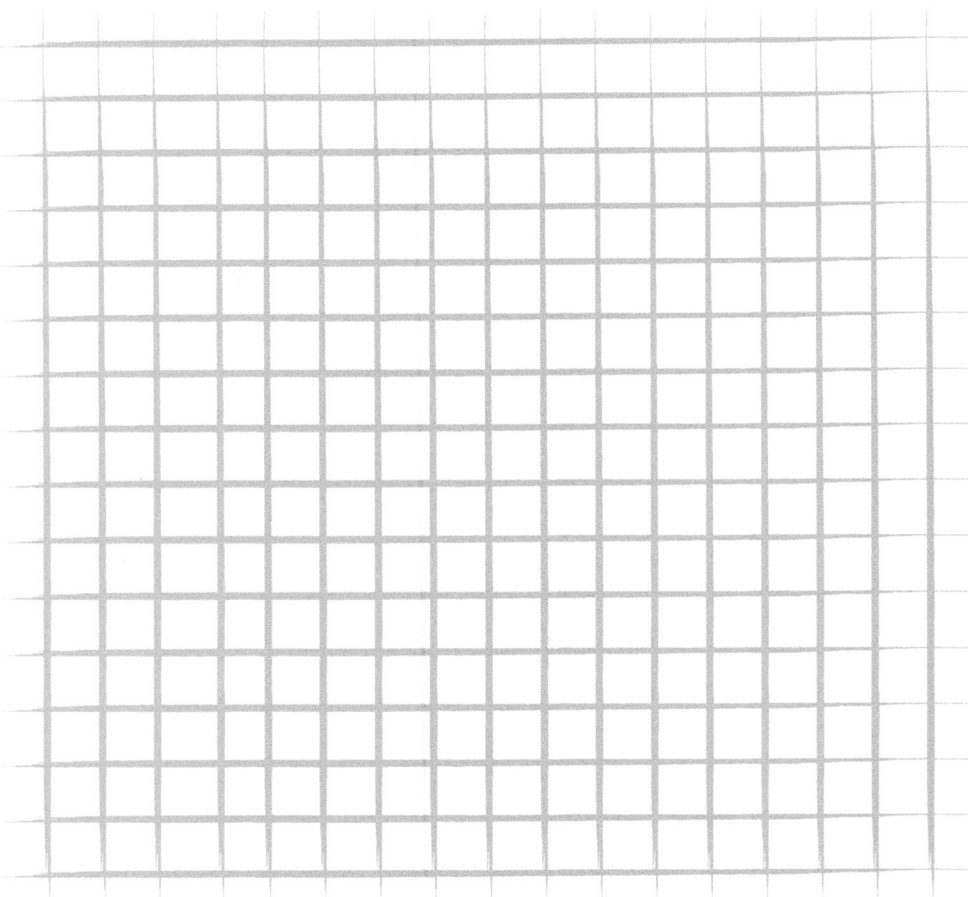

Freifläche für Notizen und Zeichnungen

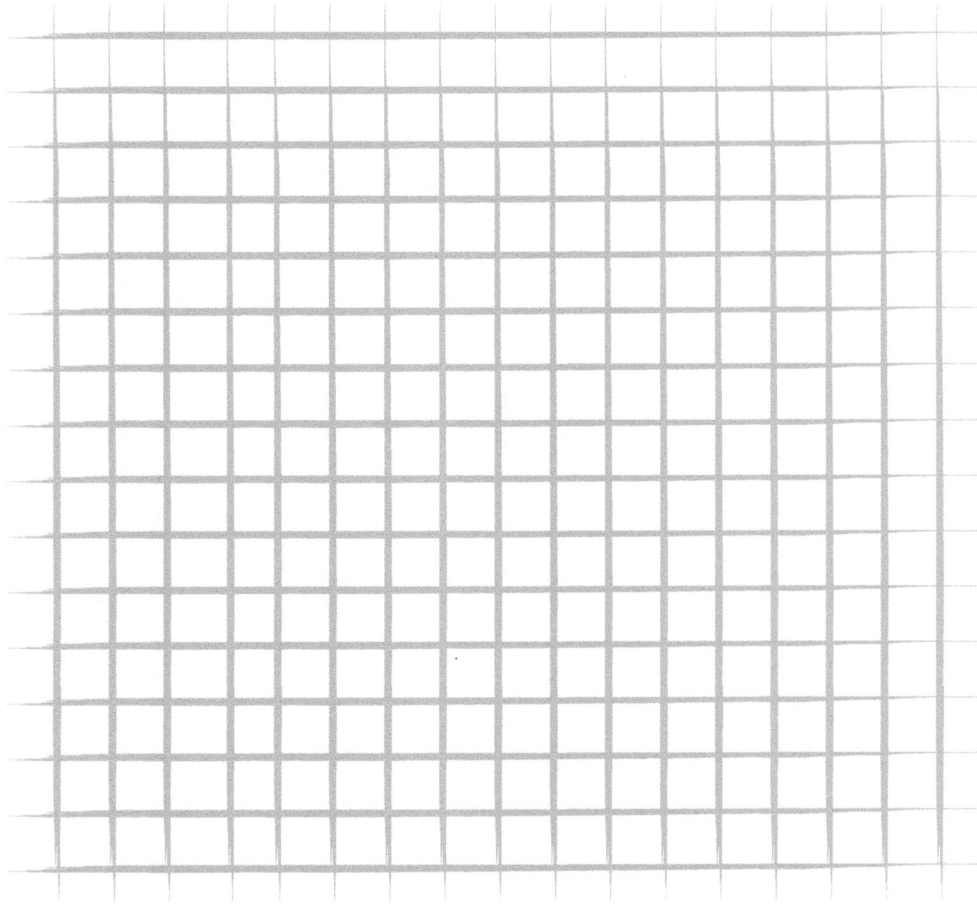

Freifläche für Notizen und Zeichnungen

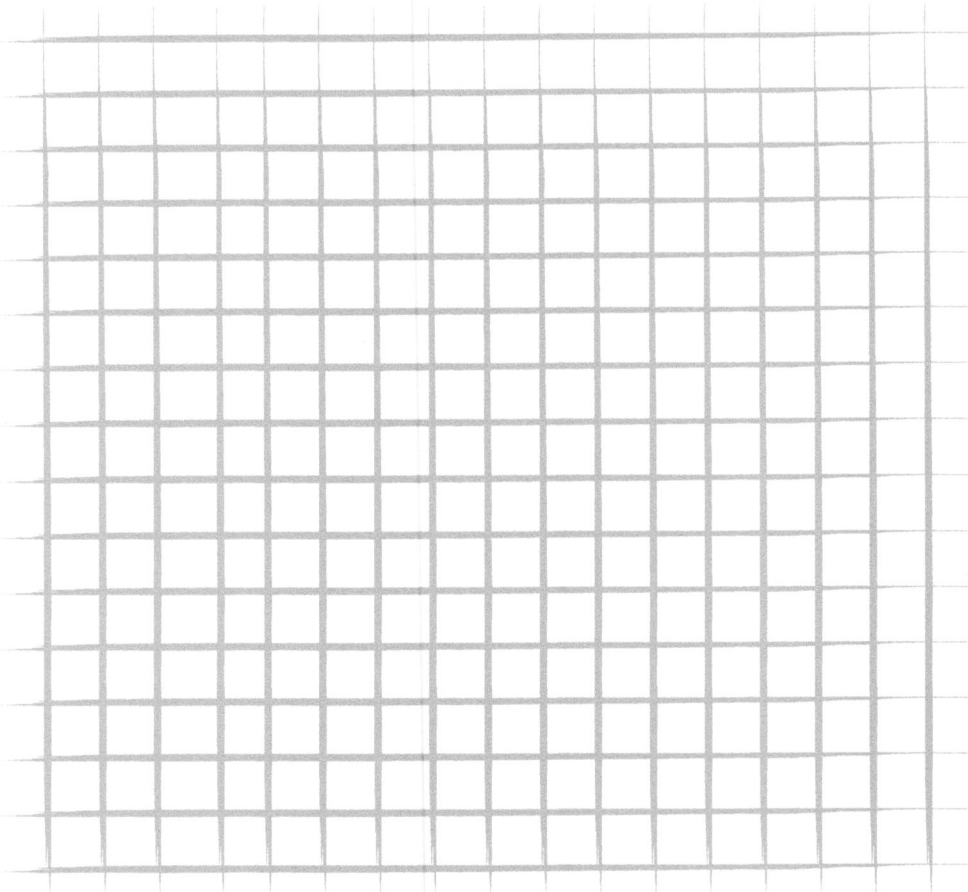

Freifläche für Notizen und Zeichnungen

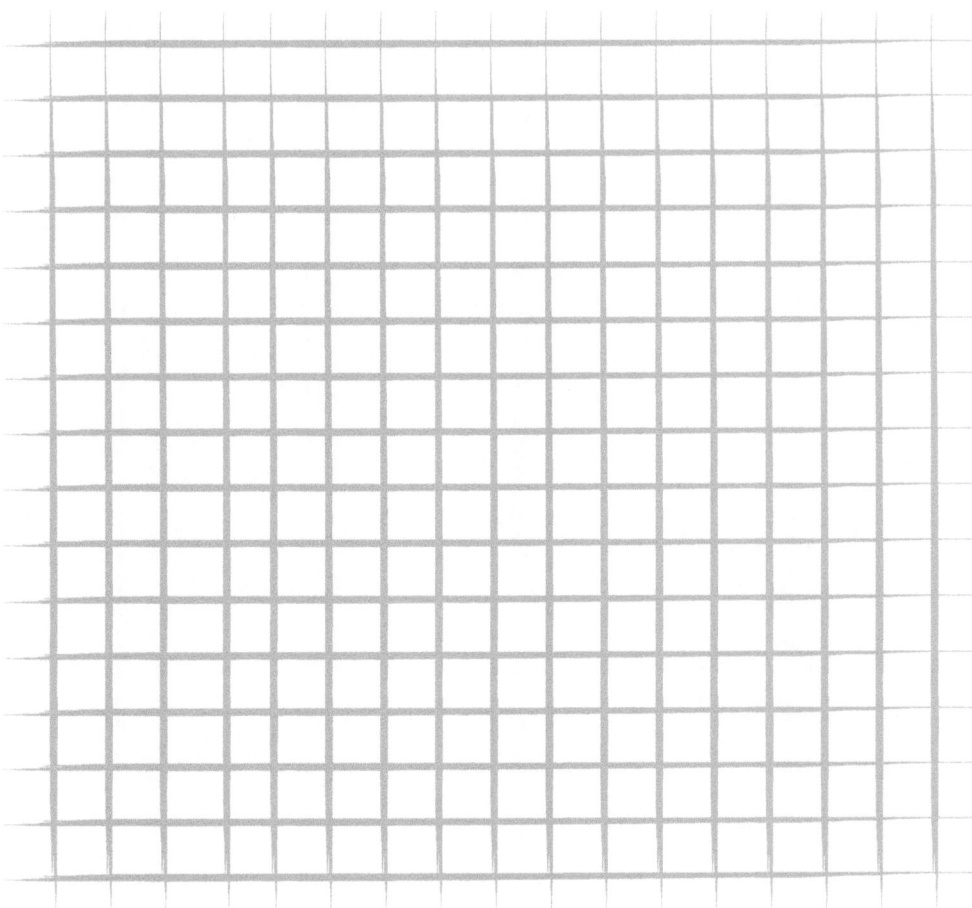

Freifläche für Notizen und Zeichnungen

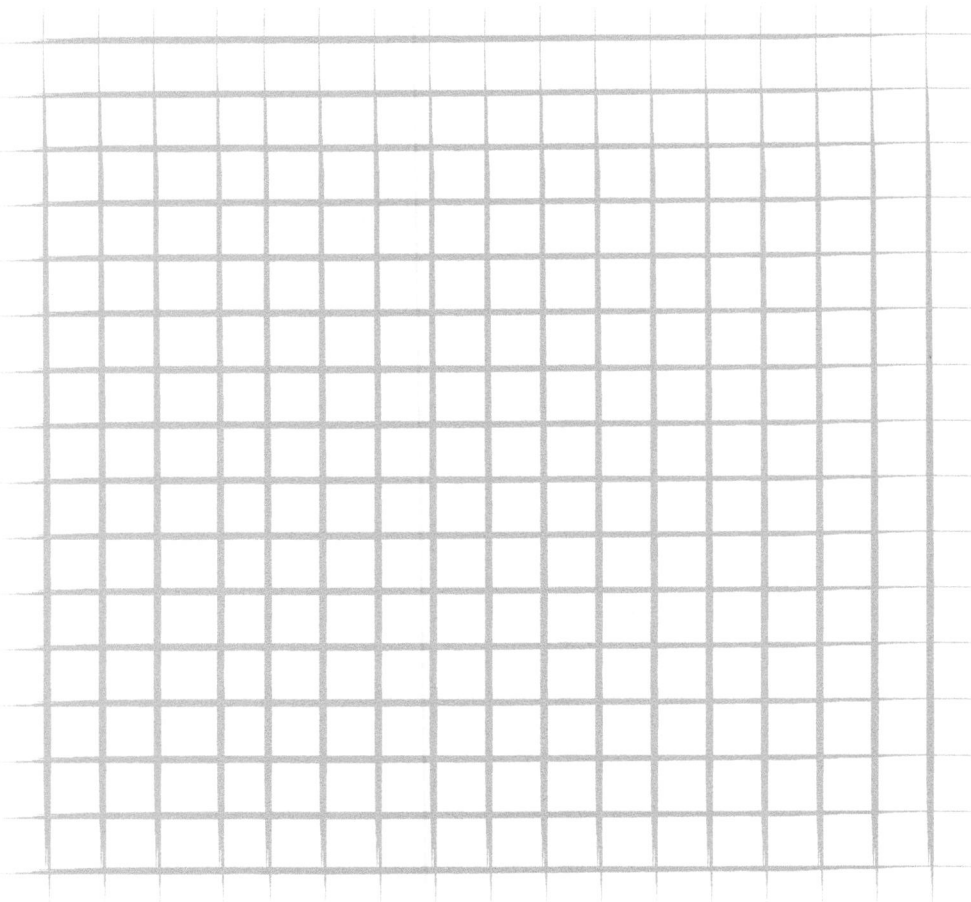

Freifläche für Notizen und Zeichnungen

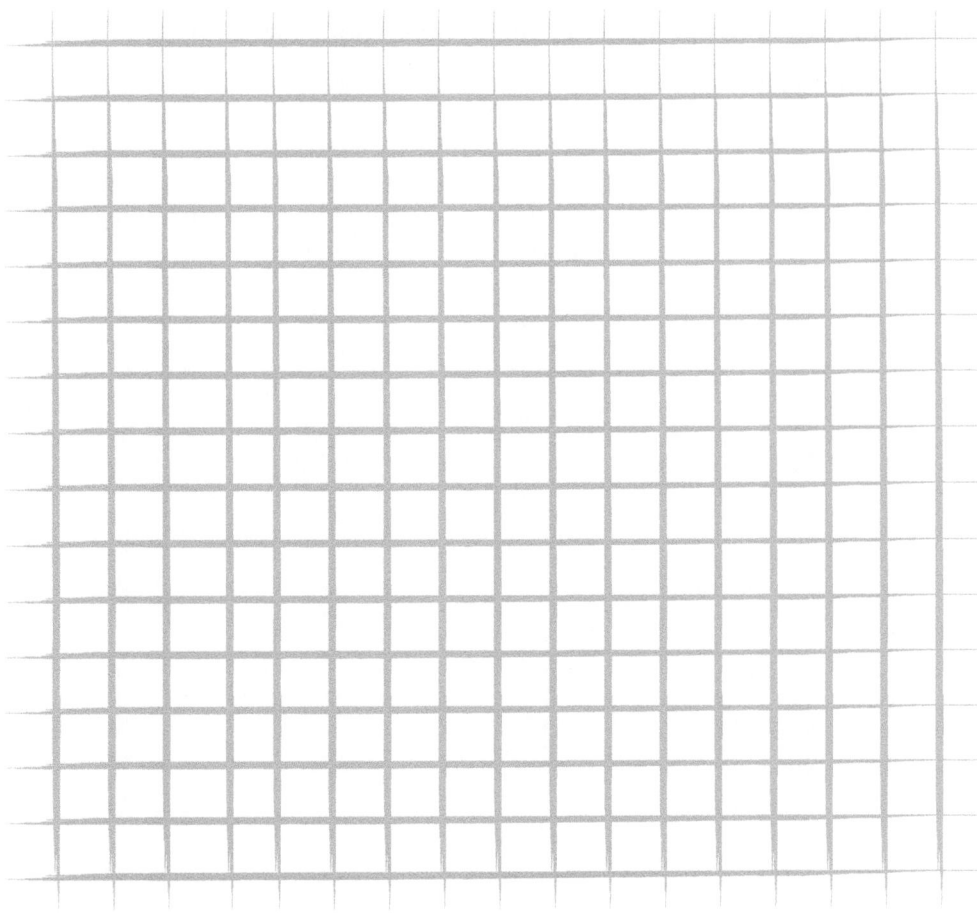

Freifläche für weitere Tickets, Fotos oder amüsante
Urlaubszitate etc.

Freifläche für weitere Tickets, Fotos oder amüsante
Urlaubszitate etc.

Freifläche für weitere Tickets, Fotos oder amüsante
Urlaubszitate etc.

Freifläche für weitere Tickets, Fotos oder amüsante
Urlaubszitate etc.

Freifläche für weitere Tickets, Fotos oder amüsante
Urlaubszitate etc.

Freifläche für weitere Tickets, Fotos oder amüsante
Urlaubszitate etc.

Freifläche für weitere Tickets, Fotos oder amüsante
Urlaubszitate etc.

Freifläche für weitere Tickets, Fotos oder amüsante
Urlaubszitate etc.